Sementes
de sagacidade

Edgar Morin

Sementes de sagacidade

Tradução
Thomaz Kawauche

editora unesp

Título original: *Graines de sagacité*

Direitos de publicação reservados à:
Fundação Editora da Unesp (FEU)
Praça da Sé, 108
01001-900 – São Paulo – SP
Tel.: (0xx11) 3242-7171
www.editoraunesp.com.br
www.livrariaunesp.com.br
atendimento.editora@unesp.br

Dados Internacionais de Catalogação na Publicação (CIP)
de acordo com ISBD.
Elaborado por Vagner Rodolfo da Silva – CRB-8/9410

M858s Morin, Edgar

Sementes de sagacidade / Edgar Morin; traduzido por Thomaz Kawauche. – São Paulo: Editora Unesp, 2025.

Tradução de: *Graines de sagacité*
Inclui bibliografia.
ISBN: 978-65-5711-282-3

1. Aforismos 2. Antropologia 3. Sociologia 4. Filosofia 5. Ecologia. I. Kawauche, Thomaz.II. Título.

2025-3491 CDD 370
CDU 37 II. Título.

Editora afiliada:

Asociación de Editoriales Universitarias
de América Latina y el Caribe

Associação Brasileira de
Editoras Universitárias

Sumário

Sou como uma árvore cujas sementes,
levadas pelo vento, às vezes caem em
desertos ou, às vezes, germinam
muito longe daqui.

Prefácio

> As banalidades que falamos sobre a vida são as coisas mais profundas que podemos dizer sobre ela.

Em 2013, meu amigo Jérôme Saltet, coinventor dos Incollables e diretor da coleção educacional Play Bac, incentivou-me a escrever tuítes para compartilhar meus pensamentos sobre educação. Rapidamente percebi que se tratava de uma oportunidade para expressar minhas ideias e reflexões sobre o mundo, sobre a vida, sobre o ser humano, sobre a sociedade e, até mesmo, às vezes, sobre acontecimentos atuais.

Essa era a ocasião de apresentar, em forma breve (dada a limitação obrigatória do número de caracteres) e clara, se possível, os pensamentos que me preocupavam, bem como os princípios de um conhecimento relevante que eu havia elaborado em *O método*.

Embora eu tenha escrito livros, alguns bem longos e intimidadores por seu caráter insólito, fiz do Twitter uma espécie de praça pública onde, à maneira socrática, eu falaria aos cidadãos da cidade digital.

Gostei de encontrar fórmulas e trocadilhos que pudessem tocar a mente das pessoas. Um número cada vez maior de seguidores me incentivou a isso. Algumas reações de ódio, insensatas ou desdenhosas, não me desencorajaram. É esperado que qualquer pessoa mais ou menos pública seja amada por amigos desconhecidos e odiada por inimigos desconhecidos.

Finalmente, seguindo o conselho amistoso de minha editora, Isabelle Saporta, decidi reunir meus quase aforismos preferidos dos últimos dez anos; a coletânea foi intitulada *Sementes de sagacidade*. Thomas Vonderscher fez uma seleção criteriosa daqueles que, para nós, seriam os melhores.

E aqui estão minhas sementes a serem levadas pelos novos ventos da literatura, com a esperança de que encontrem solos favoráveis onde possam criar raízes.

E. M.

Sementes de sagacidade

As evidências que são banalizadas devem ser revitalizadas. É o que tento fazer em meus últimos tuítes.

Sócrates dizia na praça pública de Atenas o que ele pensava e, às vezes, era insultado. Minha praça pública é o Twitter.

O tuíte é uma arte praticada nas *Máximas* de La Rochefoucauld, nos *Pensamentos* de Pascal e nos *Aforismos* de Lichtenberg.

Foi à tarde que descobri o sentimento de plenitude por estar simplesmente sentado numa cadeira ao sol.

É curiosíssimo ser jovem quando se está velho.

ଓ

Meu coração-órgão está velho e cansado, meu coração-sentimento não envelheceu.

ଓ

Todas as direções que segui na vida foram altamente improváveis.

ଓ

Quanto a mim, embora centenário, embora prosseguindo na obra de toda minha vida, é prematuro que eu seja liquidado, embalsamado e colocado numa tumba.

ଓ

A quase unanimidade pelo centenário daquele que foi e continua a ser um desviante deve consternar ou reconfortar?

ଓ

Será que chegou, a estação,
Com meu aniversário,

Atingindo a idade da razão?
Ou isso não é necessário?

É bizarro para um desviante tornar-se oficialmente reconhecido.

Evite ser centenário. Passe diretamente para 101 anos.

Creio que pude viver tanto tempo porque não guardei rancores.

Os programadores vivem, pensam e anteveem num tempo cronológico, enquanto eu vivo um dia de cada vez em meu tempo biológico.

Certamente, prefiro atravessar o verão em vez do Lete.[1]

---

1 Na mitologia grega, o Lete é um dos rios do Hades. Ele simboliza o esquecimento. (Nota do tradutor, doravante N. T.)

Sou velho, é verdade, mas o valor das almas bem-nascidas não se perde com o passar dos anos.

Hoje é Dia de Todos os Santos. É o dia em que os mortos visitam os vivos. Recebi muitas visitas.

Primaveras abatidas, eu as vi.

Nunca deixarei de perceber, por um lado, o que há de cruel, implacável e atroz na humanidade, nem o que há de terrível na vida, e por outro, o que a humanidade tem de nobre, generoso e bom, assim como o que a vida tem de encantador e maravilhoso.

Cheguei a acreditar loucamente que a loucura humana iria diminuir.

Gosto de me abrigar sob teu Tu.

❧

Temo o pior, que é provável, mas acredito no improvável.

❧

A literatura, o cinema, a música, a Amizade e o Amor salvaram minha vida.

❧

Eu era forçado a nada fazer e toda a minha vida foi contrariada.

❧

Progrido graças a minhas críticas, e não a meus detratores.

❧

Como não sou mais senhor de meu tempo, o tempo doravante será meu senhor.

❧

Às vezes atravessado por uma onda profunda de melancolia, às vezes atravessado por uma onda profunda de júbilo...

Sou daqueles que adoram adorar.

☙

Houve mais mulheres com quem eu gostaria de ter vivido do que a monogamia permitiu.

☙

Fico espantado com o fato de nos espantarmos tão pouco.

☙

Quando coloco minhas meias, os dedos de meu pé me fazem lembrar que tivemos ancestrais quadrúmanos.

☙

Alegria de me encontrar em minha pátria milenar: o Mediterrâneo.

☙

Qualquer regressão deve estimular uma resistência, e qualquer resistência constitui tanto uma ilha de salvaguarda dos valores essenciais de nossas vidas, quanto um eventual ponto de partida para uma renovação.

O destino da humanidade está em jogo perante a inconsciência generalizada.

ଓ

Se estivermos convencidos de que mudar o caminho é uma necessidade urgente e evidente, então, e somente então, um caminho surgirá. Assim como uma esperança.

ଓ

Nada podemos fazer sem esperança, quando nos aquartelamos na melancolia, no despeito ou na resignação.

ଓ

Eu tinha 20 anos no tempo da ocupação e da resistência heroica da União Soviética. Tornei-me comunista. No entanto, eu havia lido Souvarine, Trótski, Victor Serge, Gide.

ଓ

Durante seis anos, acreditei em um novo futuro, mas fui descobrindo gradualmente a enorme mentira.

A experiência alheia não serve para nada.

ᘓ

Vivi os anos de sonambulismo e cegueira, entre 1930 e 1940, que conduziram ao desastre. As circunstâncias são outras, mas vivo situações semelhantes há vinte anos, e o que acontecerá, talvez, seja como o avanço do *Titanic* em direção ao iceberg.

ᘓ

Não basta ser ecologista ou ativista comunitário; é preciso saber se libertar dos egocentrismos e dos rancores, tentar entender melhor os outros; em suma, é preciso uma reforma psicológica e ética prévia para que as mesquinharias, as autojustificativas e as miopias mentais sejam superadas.

ᘓ

No livro *A via*, digo que, para as nações, a finalidade não deve se limitar ao desenvolvimento (técnico/econômico), mas precisa incluir também o envelopamento (em comunidades solidárias).

☙

O humano é o que há de pior e de melhor na terra. Muitos oscilam entre o pior e o melhor. De acordo com as condições internas e externas, alguns se direcionam para o pior, ao passo que outros se elevam para o melhor.

☙

Também digo em *A via* que o melhor das culturas ocidentais (liberdades, emancipação das mulheres) deveria ser combinado com o melhor das culturas e tradições indígenas, inclusive no âmbito da medicina.

☙

Há uma barbárie europeia na colonização: tráfico de escravizados, nazismo, stalinismo; porém, há também na cultura europeia, desde Montaigne, a consciência e os antídotos dessa barbárie (ver seu texto sobre os canibais e sua denúncia da crueldade dos *conquistadores*). Montaigne foi o primeiro anticolonialista da história da Europa.

ঙ

A face mais recente do racismo: tratar suas vítimas como racistas.

ঙ

O nacionalismo se nutre de inimigos.

ঙ

O que desperta alguns causa revolta em outros.

ঙ

A única coisa que odeio é o ódio.

ঙ

A guerra, seu agravamento, o risco de sua generalização, suas consequências econômicas no mundo, a inflação, a seca, o aquecimento climático e, em breve, o retorno da covid; eis o que precisa ser enfrentado e que deve transformar a política.

☙

A guerra engendra males e palavras em excesso.

☙

Deriva trágica: a indignação torna-se cólera, a cólera torna-se fúria, a fúria torna-se raiva cega.

☙

A guerra é um testemunho da incapacidade de solucionar problemas fundamentais de forma complexa.

☙

Os dissidentes nem sempre têm razão, mas os conformistas sempre erram.

☙

Há uma contradição insuperável entre, de um lado, os fechamentos étnicos, nacionalistas e religiosos, e, de outro, a necessidade de uma consciência de humanidade compartilhada no século XXI.

☙

Quem, além dos controlados, pode e deve controlar os controladores?

☙

Escravidão de povos, pilhagem do universo, Auschwitz, *gulag*: falhas? erros? Quando veremos que a falha existe na estrutura e que a estrutura existe na falha?

☙

Muitos pensadores foram grandes porque não tiveram medo de transgredir as regras do bem-pensar.

☙

A civilização ocidental sofreu uma profunda crise quando se tornou modelo para o mundo inteiro.

À medida que o estado de exceção se normaliza, o estado normal torna-se excepcional.

☙

Se soubéssemos compreender antes de condenar, estaríamos no caminho da humanização das relações humanas.

☙

Duas necessidades humanas: a necessidade de reconhecimento e a necessidade de ser útil.

☙

De todos os lugares, notícias caem sobre nossas esperanças como a lâmina de uma guilhotina.

☙

Os infelizes e os humilhados nem sempre são gentis, nem sempre inteligentes, nem sempre bons, mas são infelizes ou humilhados.

☙

Qualquer decisão em meio a incertezas é uma aposta, assim como qualquer ausência de decisão.

Na ciência e, sobretudo, na política, as ideias, sempre mais teimosas do que os fatos, resistem ao ataque dos dados e das provas.

É enganoso tirar uma palavra ou uma frase de seu contexto.

Nós nos comunicamos muito mal na sociedade da comunicação. Estamos cada vez menos bem-informados na sociedade da informação.

Cidadãos que não são tratados como adultos muitas vezes acabam reagindo de maneira infantil.

Quanto mais técnica a política se torna, mais a competência democrática declina.

9 de agosto. A Unesco celebra o Dia Internacional dos Povos Indígenas do Mundo.

Na língua dacota da América do Norte, a palavra *Mitákuye Oyás'in* significa "tudo está conectado".

☙

Uma sociedade só pode progredir em liberdade e comunidade se progredir em solidariedade.

☙

Quem precisa de reconhecimento são, sobretudo, os humilhados e os ofendidos.

☙

A fraternidade deve se regenerar constantemente, pois ela é constantemente ameaçada pela rivalidade.

☙

Todos, cada indivíduo e cada nação, vivem como sonâmbulos numa fase histórica, iniciada em Hiroshima, em que a aventura humana criou as possibilidades de sua aniquilação e de suas metamorfoses.

Infelizmente, somos forçados a aceitar o inaceitável e tolerar o intolerável.

☙

Nesses debates, todos dizem algo verdadeiro, e é isso que falseia tudo.

☙

A linha divisória entre compromisso e comprometimento é difusa.

☙

Aqueles que têm compaixão pelos humilhados e ofendidos são, por essa mesma razão, humilhados e ofendidos pelos humilhadores e ofensores.

☙

A liberdade de corromper é muito grande, a liberdade de denunciar a corrupção é muito restrita.

☙

Eu critico ideias, nunca ataco pessoas. Sei que degradá-los me degradaria.

Populismo, teorias da conspiração, islamismo e islamoesquerdismo são palavras cuja imprecisão permite abusos.

O islamoesquerdista tem a particularidade de não ser de esquerda nem apoiador do islamismo.

O global não deve nos fazer esquecer o local, assim como o local não nos faz esquecer o global.

A democracia não é irreversível, infelizmente; nem a ditadura, felizmente.

As indignações unilaterais são indignas.

Resistir às histerias coletivas, que sempre pretendem expressar uma indignação justa e virtuosa. Obviamente, evitar a histeria não significa rejeitar a indignação justa. Não é menos óbvio que a indignação não pode substituir o pensamento.

Ser corajoso significa manter-se fiel às próprias verdades. Significa salvaguardar as nossas aspirações, resistir às correntes dominantes, ao retorno da barbárie ancestral e à hegemonia do cálculo e do lucro. Significa ter compaixão pelos ofendidos e humilhados.

O modo bárbaro de pensar está na simplificação, na disjunção, na separação e na racionalização, que excluem a complexidade, a contradição, a inclusão, a inseparabilidade, o sonho e a poesia.

Globalização é interdependência sem solidariedade.

Devemos perceber que o que está acontecendo hoje não tem precedentes na história: o destino da humanidade como um todo.

Isso contrasta com o refrão: "Não há mais nenhuma causa". Nunca uma causa foi tão essencial, tão vital, tão pura e tão bela.

ᏣᏰ

Qualquer movimento baseado somente na recusa pode ter sucesso temporariamente, mas está fadado a perder força ou a se desintegrar.

ᏣᏰ

Continuemos na incerteza, mas também na fraternidade.

ᏣᏰ

Se você não pode fazer nada pelos abandonados, não os abandone em seu pensamento.

ᏣᏰ

A humanidade inventou a desumanidade.

ᏣᏰ

Uma das contradições da democracia: ela deve excluir aqueles que querem destruí-la? Não, quando estes são apenas uma minoria;

mas, quando formam uma maioria, aí já é tarde demais.

Não é incompatível admirar as mulheres que tiram o véu no Irã e aceitar aquelas que se cobrem na França. O que é importante é a LIBERDADE de usar ou não o véu. Essa liberdade ainda existe na França, mas tem sido desrespeitada há décadas, no Irã, pela tirania abjeta dos aiatolás.

A solitude é o destino do pioneiro, mas também do desviado.

Assim como as peças espalhadas de um quebra-cabeça, os primeiros fermentos de uma nova civilização trabalham aqui e ali, fazendo a nova massa crescer. As necessidades inconscientes de uma vida diferente então começam a vir à consciência. Oásis de convivência são criados.

O cosmopolita tem apenas uma língua (o inglês), um conhecimento (o cálculo), um objetivo (o ganho), um ideal (o crescimento), um mito (o progresso material); ele se opõe ao cidadão da Terra-Pátria, que reconhece a unidade/diversidade humana e a comunidade de destino de todos os humanos.

Será que compreendemos o anelo, muitas vezes não formulado ou inconsciente, daqueles que gostariam de viver e não apenas sobreviver?

Coletes amarelos: um agrupamento nacional de revoltados, que escapa do Reagrupamento Nacional e da França Insubmissa.[2]

---

2 *Gilets Jaunes*: movimento de protesto de origem espontânea iniciado na França em outubro de 2018, motivado pelo aumento dos impostos sobre os produtos energéticos de origem fóssil e sobre as emissões de carbono; os manifestantes vestiam colete amarelo,

Seria preciso reformar a reforma e reprocessar as aposentadorias.

☙

A incapacidade de considerar os aspectos múltiplos e às vezes contraditórios das coisas leva ao pensamento unilateral e à cegueira.

☙

Nosso conceito de desenvolvimento é subdesenvolvido.

☙

Em todos os lugares, ódios adversos têm inimigos comuns: concórdia, reconciliação, compaixão e perdão.

☙

Confio no gênio subterrâneo que trabalha nas profundezas mentais; ele desperta e re-

---

que se tornou o símbolo do movimento. *Rassemblement National* (RN): partido político francês de direita, fundado em 1972 como *Front National* (FN). *La France Insoumise* (LFI): partido político francês de esquerda fundado em 2016. (N. T.)

voluciona os espíritos bem ali, onde poderíamos acreditar que tudo estava fechado, fixo, congelado.

☙

Todos os grandes êxtases históricos nos marcam para sempre com sua poesia iluminadora, mas fugaz, como a libertação de Paris, a Revolução dos Cravos em Lisboa, a queda do Muro de Berlim, a Primavera Árabe em Túnis e no Cairo.

☙

O pensamento se tornou o auxiliar do cálculo, que deveria ter sido o auxiliar do pensamento.

☙

Ordem impecável é ordem implacável; ela exclui toda iniciativa, toda criatividade.

☙

Eu desejaria uma liga que se opusesse à hegemonia do lucro, à burocratização generalizada, à industrialização da vida e ao consumismo cego, que apoiasse a solidariedade humana, social e ecológica, e que pudesse influenciar fortemente os políticos.

☙

O desenvolvimento científico/técnico/ econômico adquiriu uma amplitude criativa e destrutiva sem precedentes.

☙

O custo da corrida pelo crescimento é o declínio na qualidade de vida.

☙

Onde quer que a bússola política esteja voltada para o crescimento, ali haverá cegueira em relação ao estado mental e moral, bem como em relação ao mal-estar de uma civilização.

☙

Devemos resolver o impasse da agricultura petroquímica com urgência. Reinventemos a profissão de agricultor, organizemos a "revolução verde" da agroecologia.

O poder implacável da polícia [*flic*] dos ditadores deificados foi substituído pelo poder implacável da grana [*fric*] dos empresários glorificados.

ɞ

É preciso especializar os experts.

ɞ

Tenho medo tanto da inteligência superficial quanto da artificial.

ɞ

O capitalismo não está em crise; é ele que causa a maioria das crises, incluindo a crise ecológica.

ɞ

A natureza deve ser reabilitada no ser humano, tanto em seu interior quanto no seu entorno, bem ali, onde a dominação da natureza leva à dominação da própria natureza humana, como Marx, Adorno e Horkheimer demonstraram.

A consciência ecológica vem de uma ameaça, não de uma esperança; ela nos leva a repensar não apenas nossa relação com a natureza, mas também nossa história e nossa civilização.

ঙ

A agroecologia cultiva alimentos saudáveis, cultiva solos, cultiva a nós mesmos e deveria cultivar o mundo.

ঙ

Refugiados: há um abismo entre o que é conhecido (por nós) e o vivido (por eles).

ঙ

A grande substituição é a das ideias humanistas e emancipatórias pelas ideias supremacistas e xenófobas.

ঙ

É preciso não confundir as preocupações identitárias legítimas com o fechamento identitário condenável.

Um sistema social deve ser, a uma só vez, fechado e aberto. Fechado para salvaguardar sua organização e a própria identidade. Aberto para nutrir-se de contribuições estrangeiras, que ele integra e assimila.

☙

A França é UNA E MULTICULTURAL AO MESMO TEMPO. Ao longo de sua história, ela agregou povos muito diversos: bretões, alsacianos etc., e, depois, descendentes de imigrantes. Sua unidade abrange múltiplas culturas. Essas são duas noções complementares que, no entanto, os espíritos caolhos veem como opostas.

☙

Meu estágio de seis anos no stalinismo quando jovem foi decisivo para que eu compreendesse o funcionamento das mentes fanáticas.

☙

A fé produz santos, heróis e carrascos. O fanatismo produz principalmente assassinos, torturadores e carrascos.

Resistir à barbárie é resistir em duas frentes: a da resistência à intolerância e à matança fanática praticadas em nome do islamismo, e a da proteção da comunidade de muçulmanos e imigrantes pacíficos.

☙

A guerra eleva ao máximo o que há de pior e de melhor na humanidade.

☙

Fomos atacados pela histeria de guerra enquanto ainda desfrutávamos dos benefícios da paz.

☙

Estamos na escalada da desumanidade e na derrocada da humanidade, na escalada do simplismo e na derrocada da complexidade. E, acima de tudo, estamos na escalada rumo à guerra globalizada e na derrocada da humanidade rumo ao abismo.

☙

A urgência está em fazer parar o fogo, não em soprá-lo.

Assim como aconteceu em 1914-1918, a mídia se cala acerca da situação abominável dos soldados nas trincheiras.

☙

Em meu livro *De guerra em guerra*, denuncio o papel prejudicial das mentiras de guerra, e é possível que eu esteja sendo enganado por tais mentiras, que proliferam em todas as guerras.

☙

Não há nada pior do que o confronto de dois delírios.

☙

A guerra coloca a razão a serviço da loucura.

☙

Nenhum pensador pôde impedir que seu pensamento fosse degradado pelos discípulos e desfigurado pelos adversários.

☙

A patologia da ideia está no idealismo, que confunde ideia e realidade. A doença da teoria está no doutrinarismo, que a petrifica. A patologia da razão é a racionalização, que encerra a realidade num sistema coerente de ideias, porém com base em um postulado arbitrário.

ꙮ

A palavra "elucidar" se torna perigosa quando acreditamos que podemos esclarecer tudo. Acredito que a elucidação esclarece, mas, ao mesmo tempo, revela o que resiste à luz e detecta um fundo escuro.

ꙮ

Todo sistema vivo é fechado para salvaguardar sua identidade e sua integridade, e, ao mesmo tempo, aberto para conhecer, nutrir-se e cooperar.

ꙮ

Vivemos numa época em que a aceitação do questionamento e da dúvida, virtudes elementares do pensamento, é cada vez mais restrita e cada vez menos compreensível.

A cultura é o que conecta os saberes e os fecunda.

☙

A conjunção do espírito de reflexão e do espírito de hipótese constitui, provavelmente, a seiva da pesquisa científica.

☙

Uma grande fonte de erros e de más decisões: ver apenas o secundário em detrimento do principal.

☙

A incapacidade de aprender com a experiência, a incapacidade de mudar os esquemas mentais, a seleção de falsos problemas e falsos critérios, o esquecimento dos fins na utilização dos meios ou a ignorância dos meios adaptados aos fins suscitam múltiplas formas de cegueira.

☙

Assim como a vida, assim como a sociedade, porém, com regras próprias, a ciência vive de cooperação e de competição.

A ciência progride, a consciência regride.

ᴄᴙ

Os problemas "fundamentais" transitam por entre as lacunas que separam as disciplinas e caem em um abismo sem fundo.

ᴄᴙ

As respostas às questões dão origem a novos enigmas (solucionáveis) ou novos mistérios (insolúveis).

ᴄᴙ

Na verdade, a incompreensão de um outro tem como fonte muito importante a incompreensão de si mesmo. Escondemos nossas deficiências e fraquezas de nós mesmos, o que nos torna impiedosos com relação às deficiências e fraquezas dos outros.

ᴄᴙ

Assim que expomos, expomo-nos.[3]

---

3 No original: *Dès qu'on expose,* on s'expose. Uma formulação menos sintética poderia ser a seguinte: "As-

O pesquisador não é apenas um jaleco branco: é também um ser humano, cultural e social, cuja preocupação com a verdade e com a verificação deveria estar relacionada não apenas ao objeto estudado por ele, mas também a si mesmo.

☙

Se devemos duvidar de certas evidências aparentes, próprias de nossas percepções e crenças, então a própria dúvida deve ser colocada em dúvida quando os fatos, a experiência e a razão impõem, ao mesmo tempo, suas evidências.

☙

Devemos duvidar antes de podermos verificar.

☙

O monopólio de apropriação e de promulgação da verdade pertence aos Estados teo-

---

sim que algo é exposto por nós, essa exposição expõe algo de nós". (N. T.)

cráticos e aos Estados totalitários. O controle das verdades e dos erros pelo nosso Estado seria um novo e grave retrocesso da democracia.

ꙮ

Em toda parte, nas ciências, nas técnicas, nas humanidades e na mídia, reinam ideias gerais ocas, sonoras e retumbantes; ideias ocultas, porém onipresentes nas ciências, classificadas de acordo com seu valor de consumo e de mercado na mídia.

ꙮ

A dúvida interroga as crenças, incluindo a crença na dúvida. É uma virtude crítica que também deve ser aplicada à crítica em si.

ꙮ

A verdade é de início vencida antes de acabar por tornar-se vitoriosa.

ꙮ

O conhecimento dos limites do conhecimento é indispensável para o conhecedor.

Toda reflexão sobre o futuro nos traz dúvidas em relação às nossas certezas presentes, em vez de certezas em relação às nossas dúvidas sobre o futuro.

O verdadeiro conhecimento só pode aumentar o mistério do mundo.

Tanto no âmbito sanitário quanto nos âmbitos da economia e da política, estamos destinados a viver, pensar e agir em meio à incerteza.

Vivemos na ilusão do progresso do conhecimento devido ao aumento quantitativo de informações, porém o conhecimento regrediu qualitativamente por conta de sua incapacidade de conectar tais informações.

A desinformação tem uma vantagem significativa sobre a verdade, porque recuperar a verdade é particularmente custoso.

Considerar que explicar equivale a justificar é uma fraqueza intelectual extremamente difundida.

☙

É indesculpável recusar-se a compreender por medo de pedir desculpas.

☙

A crise deixa algumas pessoas lúcidas e outras cegas. As outras são sempre em maior número.

☙

Se mentiras fabulosas conseguiram se espalhar entre os humanos, supostamente tão astutos, é porque os humanos ainda são muito ingênuos em matéria de ideologias e mitologias. Eles são tão inocentes diante de uma mentira ideológica quanto uma vaca diante de um bezerro empalhado.

☙

É um trabalho de saúde pública fazer tudo o que pudermos para nos compreendermos reciprocamente.

Quando estamos obcecados em refutar uma ideia, queremos refutá-la contra nós mesmos. Se não respondemos aos verdadeiros argumentos de outrem e buscamos apenas suas falhas superficiais, é porque inconscientemente sentimos que esses argumentos são terrivelmente válidos.

☙

É saudável considerar afirmações contraditórias, inclusive sobre vacinas, e nos casos em que não temos clareza a respeito do assunto, reconhecer nossas incertezas.

☙

Conspirador e conformista: duas palavras que nos permitem evitar qualquer questionamento e qualquer argumentação.

☙

A arte de atribuir aos outros palavras que não foram ditas e pensamentos que não foram concebidos, de degradar as pessoas da maneira mais vil, essa arte atinge novos patamares, os tuítes nela considerados.

A verdadeira racionalidade reconhece os limites da lógica e do determinismo; ela sabe que o espírito humano não pode ser onisciente e que a realidade tem seu próprio mistério.

☙

A doutrina-do-saber-total rejeita a realidade que a contradiz e o conhecimento que a contesta.

☙

Tudo que é marginal pode ser tanto inovador e incompreendido quanto insano. É bom informar-se e questionar-se antes de julgar.

☙

O conhecimento só é relevante se puder ser situado num contexto: o conhecimento isolado de um objeto deixa de ser pertinente. Não se trata de eliminar as disciplinas, mas de articulá-las, religá-las e dar-lhes vitalidade e fecundidade.

☙

Refuta-se argumentando, não denunciando.

Teoria não é conhecimento, mas possibilita o conhecimento. Teoria não é ponto de chegada, é a possibilidade de um início.

☙

Muitas verdades oficiais e certezas absolutas ao longo do tempo se tornaram erros e ilusões.

☙

Conhecer e pensar não significa chegar a uma verdade absoluta, mas, isto sim, dialogar com a incerteza.

☙

Assim como precisamos fazer a revisão do nosso carro a cada 10 mil quilômetros, devemos revisar nossas ideias a cada dez anos, e até mesmo antes disso, no caso do advento de uma grande crise, como a que resultou da pandemia.

☙

Nem o consenso nem o desvio são *ipso facto* verdadeiros.

Verdades adormecidas precisam ser despertadas, verdades banais precisam voltar a ser vivazes.

☙

É preciso saber que, no ser humano, a razão pode ser posta a serviço da loucura e a loucura pode criar aquilo que a razão não pode.

☙

O pensamento crítico deve ser capaz de criticar a crítica e praticar a autocrítica.

☙

Somos livres para pensar, mas, isso posto, é prudente não dizer tudo o que pensamos.

☙

São sempre mentes desviantes que trazem ideias transformadoras, para melhor ou para pior.

☙

O espírito crítico é inseparável do espírito autocrítico.

A história também é uma sucessão de enganos e ilusões. Mentiras e erros são mais frequentes do que a verdade.

ℭℨ

A história inova, deriva, titubeia. Ela muda de rumo, sai do curso, constitui-se por correntes e contracorrentes.

ℭℨ

O inesperado pode acontecer, para o bem ou para o mal. De minha parte, conto com o improvável. A história nunca é escrita de antemão.

ℭℨ

O historiador deve historicizar a si mesmo.

ℭℨ

O que é história: emergências e colapsos, períodos de calmaria e cataclismos, bifurcações, turbilhões, acontecimentos inesperados.

ℭℨ

A reflexão sobre o mundo de hoje não pode ser separada da reflexão sobre a história universal. Os períodos de calma e prosperidade são apenas parênteses da história. Todos os grandes impérios e civilizações acreditavam-se imortais. E todos eles desapareceram.

☙

A ideia de Condorcet, que fez do progresso uma inescapável lei da história, deve ser abandonada; isso posto, há muitos progressos possíveis, embora nenhum deles seja irreversível.

☙

Quanto mais fazemos um diagnóstico racional da História, mais vemos sua enorme parcela de irracionalidade.

☙

A imensa virtude da consciência é nos fazer descobrir a imensidão de nossa inconsciência.

☙

A humanidade sofre de uma imensa carência de introspecção.

O desenvolvimento sem precedentes das técnicas nos obriga a buscar suplementar nossa consciência.

☙

Não é possível viver sem estar parcialmente bloqueado, cego e petrificado. Contudo, é ao fechamento, à cegueira e à petrificação que o espírito deve resistir, tanto intelectual como eticamente. A autocrítica torna-se, assim, uma cultura psíquica do cotidiano, uma higiene essencial.

☙

A única coisa que mostra o ser humano em sua subjetividade, em seus pensamentos, em seus sentimentos, em suas relações com os outros, em seu contexto sociológico, histórico e social, é a literatura. A literatura não é apenas uma arte, mas também um modo de conhecimento.

☙

Minha obra foi autoproduzida em meu espírito, que a alimenta, assim como uma criança se autoproduz no ventre de sua mãe, que a alimenta. Ela me possuiu, embora dela eu seja menos o autor e o possuidor do que o ginecologista.

O pensamento complexo vai além da alternativa realismo/idealismo, pois, para nossos espíritos, ele diz respeito à inseparabilidade entre o real e o ideal; ele propõe uma realidade que só podemos traduzir por meio de nosso espírito e nossa linguagem.

Substituir o maniqueísmo pela complexidade é um trabalho de Hércules.

O mundo está cada vez mais complexo e os espíritos desorientados são cada vez mais simplificadores.

O perigo essencial é que a própria palavra complexidade se torne, a uma só vez, o instrumento e a máscara da simplificação.

Eu complexifico e relativizo onde outros simplificam e absolutizam.

☙

A injeção de incerteza no conhecimento não o dissolve: ela o complexifica.

☙

Acredito que estou vigilante, até mesmo preocupado, mas não pessimista. O pensamento complexo ultrapassa a oposição entre pessimismo e otimismo.

☙

A revolução da qual necessitamos é a revolução mental que nos permita enfrentar complexidades, integrar os conhecimentos e resistir aos retrocessos.

☙

Enquanto aqueles que têm noção da complexidade do mundo, da vida, dos humanos e dos acontecimentos forem uma pequena minoria, o mundo irá de mal a pior.

O espírito complexo muda a maneira como olhamos o mundo: não vemos mais um mundo de objetos separados uns dos outros, mas um mundo de interconexões, de interações e de retroações.

☙

Antes a complexidade que a tudo questiona do que a doutrina que a tudo responde.

☙

O real não é totalmente representável; o real não é totalmente axiomatizável; mas qual é a realidade não representável e não axiomatizável? Um resíduo? Ou o núcleo? As folhas secas? Ou o coração?

☙

A complexidade da autoeco-organização viva pode introduzir criatividade no universo, pelo menos no que sabemos sobre ele.

☙

O pensamento complexo é aberto não apenas à crítica, o que deveria ser o estatuto de qualquer teoria científica, filosófica ou política, mas aberto também à sua própria superação, aberto ao desconhecido, aberto à estranheza da existência, do mundo, da vida, do humano.

☙

O pensamento complexo deve ser sempre sensível à incerteza, à ambivalência e à contradição, que são inimigas da arrogância intelectual e do dogmatismo.

☙

A complexidade é o desafio que a realidade propõe a nossos espíritos, e não uma ideologia.

☙

É raro que os intelectuais pratiquem aquilo que normalmente teria se desenvolvido com sua própria cultura: prestar atenção no discurso alheio, ser capaz de ouvir um argumento sem distorcê-lo. Há, ao contrário, o aviltamento nas intenções baixas, na má-fé e na desonestidade.

Ser intelectual é autoinstituir-se enquanto tal, isto é, dar-se uma missão: uma missão de cultura, uma missão contra o erro, uma missão de consciência a favor da humanidade.

☙

Ser culto é ter um mínimo de conhecimentos que emanam de fontes extremamente diversas e ser capaz de fazê-los se comunicar reciprocamente. Não se trata de confiar no juízo de autoridade, mas de nutrir-se do exame e do autoexame.

☙

A autonomia do espírito deve ser mantida pela ginástica psíquica cotidiana visando incessantemente sua salvaguarda e sua conservação.

☙

A transdisciplinaridade exige muito mais esforço pessoal do que disciplina.

☙

Aquele que tem apenas um saber especializado é reduzido a lugares-comuns gerais.

No cerne da crise multifacetada que vivemos encontra-se a crise do conhecimento e do pensamento, tanto mais ignorada porque só conhecemos a crise e só pensamos nela de forma mutilada, unilateral, redutora, ou seja, *tronquée, trompée, trompeuse.*[4]

As estruturas da lógica, a potência do pensamento e os poderes da língua são insuficientes para conceber a realidade da realidade. Existem buracos negros, abismos, o abismo em si mesmo. Mas tudo isso pode ser detectado, identificado, evocado e reconhecido, tanto pelo pensamento como pela língua.

Somente a plena consciência das ambivalências, das contradições e das complexida-

---

4 A aliteração do original em francês não pode ser reproduzida na tradução: truncada, enganada, enganadora. (N. T.)

des poderia reduzir as cegueiras, os dogmatismos e os fanatismos.

☙

Não confundamos a complicação (como a das formalidades burocráticas ou dos pensamentos muito refinados) com a complexidade, que é o tecido ou o elo comum de elementos arbitrariamente separados por um conhecimento que separa o que é ligado.

☙

O bê-a-bá do conhecimento complexo: "Penso que é impossível conhecer as partes sem conhecer o todo, assim como é impossível conhecer o todo sem conhecer as partes em particular" (Pascal).[5] O todo é, a uma só vez, maior e menor do que a soma de suas partes.

☙

VADE-MÉCUM DO PENSAMENTO SOBRE O COMPLEXO: contextualizar sempre para com-

---

5 A frase se encontra nos *Pensamentos*, parágrafo 72 na numeração de Brunschvicg. (N. T.)

preender. O que é separado também é inseparável. O todo também está na parte. Antagonismos podem ser complementares. Os produtos de um processo recursivo também são seus produtores.

Complexidade: Os debates sobre vacinas dizem respeito à pesquisa científica, à bioética, à política, à saúde, à liberdade civil, à diplomacia, à organização social, à comunicação, à economia, à segurança, à indústria farmacêutica etc.

O pensamento complexo não é o pensamento final e total do Universo. Ele é a melhor aproximação disso. Sempre tive essa ideia, que alguns pensadores já haviam esboçado na Antiguidade: quanto mais se avança no conhecimento, mais se descobre uma nova ignorância. Isso é magnificamente ilustrado pelo advento das ciências modernas.

São sempre fenômenos marginais aberrantes e pequenas exceções às regras consideradas absolutas que têm servido como suportes e pontos de partida das grandes revoluções científicas.

☙

A ciência progrediu recorrendo à intuição, ao acaso, à imaginação, ao desejo, ao sonho e à afetividade, porém de modo clandestino, sem que tais qualidades aparecessem, nem mesmo discretamente, em seus tratados.

☙

A abstração acabou sendo vista como a quintessência da realidade, quando na verdade ela é sua desidratação.

☙

Muitas vezes sou considerado um sociólogo, mas, na verdade, reflito e trabalho com base na natureza trinitária do ser humano: indivíduo/sociedade/espécie. O que me levou à transdisciplinaridade foi a antropologia, no antigo sentido do termo: estabelecer relações entre todos os conhecimentos acerca do ser humano.

☙

Quando trabalhamos com o pensamento complexo, não podemos nos satisfazer com um método de trabalho clássico, segundo o qual nosso plano se desenvolve. Aqui, a estratégia pode mudar a qualquer momento, pois ao longo do caminho são descobertas informações diferentes e o acaso nos fornece novas ideias.

☙

Em situações incertas ou conflituosas da história humana, a realidade raramente obedece aos nossos desejos e muito menos às nossas decisões.

☙

Uma opinião não deveria ser formada antes de serem considerados os pontos de vista divergentes ou opostos.

A eliminação total do risco leva à eliminação total da vida.

C3

Deveríamos buscar uma vacina contra a raiva tipicamente humana, pois há uma epidemia e estamos bem no meio dela.

C3

O conformismo cognitivo, que se espalha de modo devastador em tempos de crise, foi muito bem descrito pela sociologia.

C3

Por trás da luta médica contra a epidemia, a luta titânica entre os gigantes da indústria farmacêutica.

C3

O predador que mata todas as suas presas condena-se à morte. É um jogo no qual quem ganha perde.

C3

O princípio da precaução só faz sentido quando associado a um princípio de risco, indispensável à ação e à inovação.

Alimentemos nossos anticorpos sociais e culturais: amizade, solidariedade, fraternidade, comunhão, amor, obras-primas da poesia, da literatura, da música, da pintura, do cinema.

ᴄᴓ

Graças ao espanto, tudo o que há de evidente e conhecido torna-se desconhecido e misterioso.

ᴄᴓ

O que me entristece não é tanto o passado, mas o revolvido.[6]

ᴄᴓ

Devemos manter a razão na emoção à medida que mantemos a emoção na razão.

ᴄᴓ

Não deveria haver razão sem paixão, e não deveria haver paixão sem razão.

---

6 No original, *le révolu*, com sentido de algo que sofreu uma revolução, que completou um ciclo. (N. T.)

Viver é uma arte difícil: nela, tudo o que há de paixão deve ser vigiado pela razão – para não sucumbir ao desvio –, mas, por outro lado, toda razão deve ser animada por uma paixão – para não sucumbir à insensibilidade.

CB

Existem personagens discordantes dentro de cada um de nós.

CB

Somos todos diferentes e semelhantes ao mesmo tempo, e é isso que produz a unidade e a diversidade da humanidade.

CB

Quanto mais se proíbe, mais se incita à transgressão.

CB

Esperemos que não vamos nos desesperar.

CB

O real é mais insondável do que a morte.

Denunciar o inaceitável com palavras é, se não aceitá-lo, pelo menos suportá-lo; idem para o intolerável.

Ꞓ

O que permanece na sombra é sempre aquilo que esclarece.

Ꞓ

Uma sociedade se autoproduz constantemente porque ela constantemente se autodestrói.

Ꞓ

Em nossa sociedade existem essas reservas de sentimento, de amor, de sonho e de poesia que não são inteiramente, nem às vezes principalmente, atravessadas pelo cálculo puro e pela exploração apenas. A sociedade só pode sobreviver porque existem tais antídotos.

Ꞓ

A beleza nunca é supérflua.

A vida é uma sucessão de encruzilhadas onde, a cada vez, de modo consciente ou inconsciente, tomamos uma direção. Abandonamos inúmeras vidas possíveis em troca de uma única vida real.

☙

A vida floresce na emoção poética.

☙

Seria preciso saber olhar o mundo em todo o seu esplendor e, ao mesmo tempo, em todo o seu horror.

☙

A esperança se baseia em possibilidades humanas que ainda não foram exploradas, ela depende do improvável. Não mais a esperança apocalíptica da luta final. Trata-se da esperança corajosa da luta inicial.

☙

Vida: a palavra mais evidente e mais misteriosa, a mais plana e profunda, que nomeia o que não podemos entender nem conceber, e da qual somos a uma só vez os brinquedos e os atores.

ꕤ

Em vez de mudar o mundo, devemos antes mudar a mudança em curso no mundo.

ꕤ

A incerteza que estava escondida, invisibilizada no cotidiano, invadiu tudo e tornou-se o próprio cotidiano.

ꕤ

O ano que chega em caos/ Vamos a ele de cabeça erguida/ E se o deserto avança/ Formemos um oásis de resistência/ Quando chegar a glaciação/ Evitemos toda resignação/ Sejamos fraternos e benevolentes/ A favor de humildes e sofredores/ Não nos rendamos ao hediondo/ No ano de dois mil e vinte e dois.

ꕤ

Amigo(a), no ano que chega/ A humanidade está à deriva/ É preciso muita coragem/

E não fúrias e ódios para enfrentar noite e manhã/ Adversidade e incerteza/ Se a verdade é tua paixão/ Multiplica as fontes de informação/ E junta-te ao partido de Eros/ Contra o mortal Tânatos.

☙

Deveríamos mudar nossas decisões e ações quando o contexto muda.

☙

Um amor nascente inunda o mundo com poesia, um amor duradouro irriga a vida cotidiana com poesia, o fim de um amor nos joga de volta à prosa.

☙

Uma das grandes lições da vida: parar de acreditar na perenidade do presente, na continuidade do devir e na previsibilidade do futuro.

☙

Unde origo inde salus: do retorno às fontes vem a salvação.

O fim de um mundo significa o nascimento de um novo. Porém, o fim não está terminado, e o novo não está começado.

☙

Uma língua é um ser vivo de espécie própria: ela assimila gírias e palavras estrangeiras, além de se modificar ao longo do tempo. Ela é nutrida por seus falantes.

☙

Se perdermos a Esperança, permanecerão a Poesia e o Amor.

☙

Não podemos falar bem sobre uma música, mas uma música fala melhor e mais profundamente do que a linguagem das palavras.

☙

O que é o amor? É a união da loucura e da sabedoria.

Amemos o que é perecível como as flores.

ꞏ

As crianças se fazem todas as perguntas filosóficas esquecidas pelos adultos e até mesmo pelos filósofos.

O humano é a única espécie que chora.

Os males das palavras: as palavras que para alguns são vazias, para outros são plenas e incitam à adoração ou ao assassinato.

O bom mecânico é um artista, o bom artesão é um artista, o bom médico é um artista, o bom cientista é um artista, o bom político é um artista.

É verdade que existem pessoas boas e pessoas más; porém, entre esses dois tipos, há muita mistura.

Paracelso disse: "Toda medicina é amor".[7] Digamos ainda e acima de tudo: "Todo amor é medicinal".

ଓ

Cumprir o dever muitas vezes não é simples nem evidente, mas incerto e aleatório: é por isso que a ética é complexa.

ଓ

Às vezes temos o sentimento de irrealidade na realidade, bem como o sentimento de realidade no imaginário de sonhos, filmes e romances.

ଓ

Toda paixão deve ter a razão como vigilante, e toda razão deve ter a paixão como combustível.

---

7 A afirmação de Paracelso relacionando a arte médica ao amor encontra-se no volume de 1566 do *Spittal Buch*. (N. T.)

Tantas esperanças não realizadas, tantos amores não declarados, tantas oportunidades perdidas em uma vida.

ɞ

O que é melhor do que sentir-se útil?

ɞ

O envelhecimento é como o vinho: ou melhora ou azeda.

ɞ

Às vezes o supérfluo é necessário.

ɞ

Para envelhecer bem, é preciso guardar dentro de si as curiosidades da infância, as aspirações da adolescência, as responsabilidades da vida adulta e, a cada etapa, tentar extrair a experiência de idades anteriores.

ɞ

A esperança serve para aguardar o inesperado.

Sementes de esperança surgem até mesmo em tempos sombrios.

☙

Há aventureiros, mas a maioria de nós é aventurada.

☙

As profundezas de Eros estão repletas de pulsões desvairadas. Mas, na maioria das vezes, a barreira dos tabus não permite que elas atuem.

☙

O masculino contém o feminino recessivo ou reprimido, o feminino contém o masculino recessivo ou reprimido. A unissexualidade contém a bissexualidade oculta.

☙

O sexo é biológico e o gênero é psicossociológico; um não exclui o outro.

☙

A civilização ocidental tem excesso de testosterona e carência de foliculina. As qualidades do amor e da ternura, as virtudes das filhas, irmãs, mulheres e amantes devem impregnar o gênero masculino sem, no entanto, dissolvê-lo.

☙

Sofremos não apenas com a penúria de amor, mas também com o amor desviado, equivocado e enganador. As efusões de amor que se perdem nos céus ou alimentam as ilusões mortais só poderão fecundar nossas vidas quando o amor se tornar inteligente e capaz de detectar o erro.

☙

O espírito humano está constantemente exposto ao risco de falhas e ilusões, mas também é capaz de reconhecê-las e se libertar delas.

☙

Tenha a atitude forte/ De enfrentar as incertezas/ Com força e coragem/ Sem maledicência nem raiva/ Esperemos que a covid/

Apesar de seus tentáculos/ Deixe de ser ávida/ Por nossas queridas células/ Vá em frente na vida/ Não fique satisfeito/ Vá, seja rápido/ Tome o partido de Eros.

Uma das funções do filósofo está em submeter os últimos seis milênios à reflexão.

A ética é complexa porque:

1. As consequências de uma boa ação podem ser más e vice-versa.

2. Imperativos éticos contrários forçam uma escolha.

Muitas vezes temos que enfrentar essa contradição ética: respeitar qualquer pessoa humana sem ofendê-la naquilo que é sagrado para ela e, ao mesmo tempo, praticar o espírito crítico, que é animado pelo desrespeito às crenças impostas como sagradas.

Aqueles que não odeiam escapam dos desvarios.

☙

Um dos caminhos para o futuro passa pelo passado.

☙

O otimista só tem surpresas ruins. O pessimista só tem boas surpresas.

☙

Tente ver os diversos aspectos de um fenômeno, tente ver que em cada *Homo sapiens* há um *Homo demens*, tente ver verdades que são contrárias, tente confrontar contradições inescapáveis, e muitas vezes você encontrará desprezo, insulto e injúria.

☙

Rivalidades de ego contribuem para sermos impedidos de viver como iguais.

☙

Quanto mais o homem desejou possuir o mundo, mais ele perdeu a posse de si mesmo.

A união da solidariedade e da rivalidade no esporte é muito complexa e necessária.

☙

Ter vivido uma experiência não basta para que essa experiência se torne experiência.

☙

A multidão é um ser coletivo que se forma sob certas condições psicológicas e demográficas, os indivíduos se tornam células de um organismo multicelular que se desencadeia em fervor, fúria ou pânico.

☙

É preciso colocar-se no lugar daqueles que não se colocam no nosso lugar.

☙

O odiador é corroído por sua obsessão se não causar mal àquele que ele odeia. Mas é verdade que ele experimenta um júbilo ignóbil quando consegue satisfazer seu ódio.

O ódio causa sofrimento em primeiro lugar àquele que odeia.

☙

Saber maravilhar-se e saber revoltar-se são complementares.

☙

É característico do porvir que ele contenha sua parte de inesperado, de criação e destruição.

☙

A vida continua? Não, ela descontinua.

☙

Se, assim, não conseguimos encontrar sentido na vida (seja porque ele é inacessível, seja porque ele não existe), resta-nos apenas tentar *dar* um sentido à nossa vida.

☙

Permita-se sempre ser influenciado, mas nunca ser intimidado.

Quando o imediato devora, o espírito deriva.

Sejamos conscientes de nossas inconsciências.

Pessoas autoritárias não toleram ambiguidade, ao passo que pessoas criativas veem a ambiguidade como uma oportunidade.

Sem desprezo, benevolência e indulgência, o mundo será um lugar melhor.

O conforto intelectual e o hábito ficam horrorizados com mensagens que os perturbam.

A vida é uma coisa fabulosa, surpreendente, incrível e criativa que, quando reduzida a jogos de moléculas, torna-se trivial e banal.

O amor também é um risco para o outro, pois não é somente com nosso próprio eu que nos comprometemos.

ೞ

O paradoxo dos momentos de eternidade que pudemos viver é o fato de serem momentos fugidios.

ೞ

Somos sonâmbulos despertos.

ೞ

Todo ganho envolve perda, toda vantagem envolve inconveniência.

ೞ

No ano de dois mil e vinte/ Não resistirás em vão/ Às duas barbáries que ameaçam/ A antiga, do ódio e do desprezo/ A nova, insensível e gélida,/ Do cálculo obcecado por lucro/ Enfim, sejamos solidários portanto/ Nós, as crianças nascidas da Terra.

O que deveria ser trabalho árduo entre os humanos – alimentar-se (para permanecer vivo) e copular (para dar continuidade à espécie) – tornou-se um prazer requintado para alguns e um prazer extremo para outros.

De certo ponto de vista, tudo é derrisório; de outro ponto de vista, tudo é misterioso.

Confiança e desconfiança são dois riscos; no primeiro, você se abre para os outros, e no segundo, você se fecha sobre si mesmo.

O amor dura enquanto o outro é fonte de poesia.

O humanismo, que reconhece a plena humanidade de cada um e de todos, é o único remédio para o ódio; ele, porém, não pode ser encontrado em lugar nenhum, nem mesmo nas farmácias.

Cada um tem um ponto cego no olhar que dirige a si mesmo.

☙

Amargura, ressentimento e maldade enfeiam os rostos que envelhecem, ao passo que a bondade torna-os radiantes e os embeleza com a idade.

☙

O mundo vai, *cahin-caha*...[8]

☙

Recorremos a palavras para preencher as lacunas do indizível.

☙

Todo progresso provoca regressões [*régrès*], e estas suscitam arrependimentos [*regrets*].

☙

O egocêntrico pode ser altruísta, o egoísta não.

---

8 *Cahin-caha*: expressão coloquial para qualificar um processo que não anda muito bem: na medida do possível, mais ou menos, penosamente etc. (N. T.)

Não existem assuntos fúteis, mas apenas maneiras fúteis de abordar as coisas.

☙

Foi a constante ameaça de morte que fez a vida se multiplicar e se diversificar. A morte é inimiga da vida e, ao mesmo tempo, seu aguilhão.

☙

Assim, com tanta inteligência e tanta estupidez, tanta cegueira e tanta lucidez, tanta crueldade e tanta bondade, tanto ódio e tanto amor, a humanidade segue numa aventura cujo sentido lhe escapa totalmente.

☙

A fraternidade deve se regenerar constantemente, pois ela é constantemente ameaçada pela rivalidade.

☙

Não é sábio ser sábio demais.

☙

O que não se regenera degenera. Nada é adquirido definitivamente. Para manter algo que foi adquirido, é necessário regenerá-lo constantemente.

Meu desejo, caros irmãos e irmãs/ É que vocês encontrem paz e doçura/ Que formem oásis amáveis/ Com poesia e paixão/ Porque tempos temíveis estão chegando/ Tempos de imensa regressão.

Quando se envelhece, o caule enfraquece e as raízes fortalecem.

A pior cegueira é a do cego que não vê a própria ceguidade.

Às vezes é preciso mudar de rumo para não emborcar.[9]

---

9 Há aqui um trocadilho em língua francesa: *cap* (rumo) e *capoter* (emborcar). (N. T.)

O tempo que segue em direção ao futuro também segue em direção ao passado; este recua, recua. Assim, o fio do tempo se prolonga nos dois sentidos.

ꕥ

Viver até uma idade avançada é bom quando há amor, amizade e um pouco de validez, mas é horrível ver os entes queridos desaparecerem um após o outro.

ꕥ

A cada segundo, sem que percebamos, um batimento cardíaco batalha contra a morte.

ꕥ

Podemos querer ao mesmo tempo buscar o melhor e evitar o pior?

ꕥ

Os espíritos humanos, assim como as abelhas, devem produzir seu mel a partir de uma grande variedade de flores.

O calor humano não tem termômetro para medi-lo.

ଓ

Mantenhamos e multipliquemos os oásis de vida solidária e fraterna em meio à selva social, onde o egoísmo e a competitividade são crescentes.

ଓ

A inconsciência do perigo nos desarma, a consciência do perigo nos protege.

ଓ

Sempre! Nunca! Duas palavras que precisamos tentar evitar.

ଓ

A doença mais perigosa é perder a vontade de viver.

ଓ

Amamos com amor aquém e além da razão.

Como são bons os dias de solitude posteriores a dias de excitação. Como são bons dias de excitação posteriores a dias de solitude.

☙

Acreditar que o gênio é dado pela quantidade de trabalho não é genial.

☙

A humanidade é uma espécie perigosa em perigo.

☙

A autenticidade do amor consiste não apenas em projetar nossa verdade no outro e vê-lo apenas de acordo com nossos olhos, mas também na interpenetração da verdade do outro em si mesmo e da verdade de si mesmo no outro; ela consiste em encontrar a própria verdade através da alteridade.

☙

Cada um carrega consigo o segredo do mundo e ninguém sabe disso.

Sob o céu há apenas uma coisa diante da qual devemos nos curvar: o gênio; e apenas uma coisa diante da qual devemos nos ajoelhar: a bondade.

☙

No metrô, as pessoas solitárias se calam e olham para dentro de si sem conseguir se ver. Elas leem folhas de papel escurecidas por toda a sujeira do planeta.

☙

Assim como o sofrimento é necessário para conhecer a felicidade, a prosa é necessária para que haja poesia.

☙

A complexidade e a ambiguidade do relacionamento entre homens e mulheres são no mais das vezes percebidas de forma simplista ou com grosseria.

☙

O êxtase é a irrupção do Nirvana no Samsara.

Nunca fui um sedutor, mas sempre fui um seduzido.

☙

Tenho constantemente oscilado entre a negação niilista e o entusiasmo humanista, assim como tenho buscado sentido e duvidado do sentido.

☙

Eu era sensível à pena e à piedade.

☙

Deus e o diabo colaboraram na criação do homem.

☙

Por meio de ritos e cerimônias, unimo-nos uns aos outros, ao nosso passado, às forças superiores, ao cosmos.

☙

Muitos amigos queridos desaparecidos.

☙

Agora eu me relaciono com outras pessoas através de meu Mac e de meu iPhone.

Conheci Paris na alegria, Paris na fé, Paris na emoção, Paris encurralada, a Paris da diversidade e a da segregação, a Cidade-Luz, mas também a cidade tentacular.

Conheci a Paris convival dos *concierges*, a dos serviços entre vizinhos, dos cobradores de metrô, dos leiteiros, dos pequenos comerciantes, da polícia municipal, dos vendedores ambulantes, dos cantores de rua, dos curiosos, dos *titis*,[10] do esterco de cavalo, da ajuda mútua espontânea entre desconhecidos, que se tornou uma Paris anônima, onde até os vizinhos do mesmo andar se ignoram, uma Paris de sobrecargas, de engarrafamentos e de exasperação. Restam apenas alguns pequenos oásis de bairro.

É verdade que ainda há concertos, museus, exposições e teatros, sem contar os ci-

---

10 No século XIX, a palavra *titi*, que se popularizou graças a escritores como A. Dumas e V. Hugo, designava qualquer criança pertencente às classes populares em Paris. (N. T.)

nemas, onde filmes de todos os continentes nos permitem participar, em espírito, da vida de asiáticos, latinos e africanos. São coisas que muito apreciei, porém não posso mais desfrutar delas.

☙

Desde os meus 13 anos... de novo hoje à noite... Primeiro movimento da *Nona sinfonia* de Beethoven.

Ele começa com um apelo fraco, repete-se, torna-se insistente, mas permanece baixo e, de repente, surge uma resposta incrivelmente enérgica.

Triunfante, que me invade, me exalta e me leva ao êxtase.

Lição sublime, que carrega minha verdade mais profunda e, no entanto, indizível.

☙

As estrelas também morrem.

Agradecimentos

Agradeço aos seguidores da minha conta no Twitter que demonstraram simpatia e compreensão, o que me encorajou nessa aventura nova e singular para mim. Eles(as) se tornaram amigos(as) desconhecidos(as).

Agradeço, mas de forma completamente diferente, àqueles que me insultaram, porque, ao agirem assim, me impediram de cair na euforia e me lembraram das profundezas horríveis da alma humana.

Agradeço a Thomas Vonderscher, que fez uma seleção criteriosa dos meus tuítes.

Agradeço a Isabelle Saporta, que, da aprovação do projeto até a sua finalização, se mostrou interessada e amistosa.

Agradeço a Malak, o Anjo que me faz viver, e não apenas sobreviver, cujo primeiro nome é Sabah.

Do mesmo autor

O método

La Nature de la nature. t.1. Paris: Seuil, 1977; coleção Points Essais, n.123, 1981 e 2014.

La Vie de la vie. t.2. Paris: Seuil, 1980; coleção Points Essais, n.175, 1985 e 2014.

La Connaissance de la connaissance. t.3. Paris: Seuil, 1986; coleção Points Essais, n.236, 1992 e 2014.

Les Idées: leur habitat, leur vie, leurs mœurs, leur organisation. t.4. Paris: Seuil, 1991; coleção Points Essais, n.303, 1995 e 2014.

L'Humanité de l'humanité: l'identité humaine. t.5. Paris: Seuil, 2001; coleção Points Essais, n.508, 2003 e 2014.

Éthique. t.6. Paris: Seuil, 2004; coleção Points Essais, n.555, 2006 e 2014.

La Méthode. 6v. 2t. Paris: Seuil, 2008. (Coleção Opus.) [Ed. bras.: *O método*. 6v. Porto Alegre: Sulina, 2005.]

L'Aventure de La méthode. Paris: Seuil, 2015.

O pensamento complexo

Science avec conscience. Paris: Fayard, 1982; Paris: Seuil, 1990. (Coleção Points Sciences, n.564.) [Ed. bras.: *Ciência com consciência*. 2.ed. rev. e modif. Trad. Maria D. Alexandre e Maria A. S. Dória. Rio de Janeiro: Bertrand Brasil, 1998.]

Sociologie. Paris: Fayard, 1984; Paris: Seuil, 1994 (Coleção Points Essais, n.276.)

Introduction à la pensée complexe. Paris: ESF, 1990; Paris: Seuil, 2005 e 2014. (Coleção Points Essais, n.534.) [Ed. bras.: *Introdução ao pensamento complexo*. Trad. Eliane Lisboa. Porto Alegre: Sulina, 2006.]

La Complexité humaine. Paris: Flammarion, 1994. (Coleção Champs: l'Essentiel, n.189.)

A condição humana

L'An zéro de l'Allemagne. Paris: Éditions de la Cité Universelle, 1946. [Ed. bras.: *O ano zero da*

Alemanha. Trad. Edgard A. Carvalho e Mariza P. Bosco. Porto Alegre: Sulina, 2009.]

L'Homme et la mort. Paris: Corrêa, 1951; Paris: Seuil, 1970; coleção Points Essais, 2014.

Le Cinéma ou L'homme imaginaire: essai d'anthropologie sociologique. Paris: Éditions de Minuit, 1956. [Ed. bras.: *O cinema ou O homem imaginário*: ensaio de antropologia sociológica. Trad. Luciano Loprete. São Paulo: É Realizações, 2014.]

Les Stars. Paris: Seuil, 1957; nova edição coleção Points, 1972.

Le Paradigme perdu: la nature humaine. Paris: Seuil, 1973; coleção Points Essais, n.109, 1979 e 2016.

Dialogue sur la nature humaine (com Boris Cyrulnik). Paris: Éditions de l'Aube, 2000. (Coleção Interventions.); reed. coleção Aube Poche, 2004 e 2012; nova ed. ilustr. Patrick Lemaître, Paris: Éditions de l'Aube, 2015. (Coleção Monde en Cours); nova ed. Paris: Marabout, 2021.

Les Enfants du ciel: entre vide, lumière, matière (com Michel Cassé). Paris: Odile Jacob, 2003.

Sur l'Esthétique. Paris: Robert Laffont; FMSH, 2016. (Coleção Le Monde comme Il Va e Interventions.)

Le Cinéma, un art de la complexité. Paris: Nouveau Monde Éditions, 2018.

A tetralogia pedagógica

La Tête bien faite: repenser la réforme, réformer la pensée. Paris: Seuil, 1999. [Ed. bras.: *A cabeça bem-feita*: repensar e reformar o pensamento. Trad. Eloá Jacobina. Rio de Janeiro: Bertrand Brasil, 2000.]

Relier les connaissances: le défi du XXIe siècle. Journées thématiques conçues et animées par Edgar Morin. Paris: Seuil; Unesco, 1999. [Ed. bras. *A religação dos saberes*: o desafio do século XXI. Trad. Flávia Nascimento. Rio de Janeiro : Bertrand Brasil, 2001.]

Les Sept Savoirs nécessaires à l'éducation du futur. Paris: Seuil, 2000; coleção Points Essais, 2015. [Ed. bras.: *Os sete saberes necessários à educação do futuro*. Trad. Catarina E. F. Silva e Jeanne Sawaya. São Paulo: Cortez, 2000.]

Enseigner à vivre: manifeste pour changer l'éducation. Arles: Actes Sud; Paris: Éditions Play Bac, 2014 e 2020. [Ed. bras.: *Ensinar a viver*: manifesto para mudar a educação. Trad. Edgard A. Carvalho e Mariza Perassi. Porto Alegre: Sulina, 2015.]

A era planetária

L'Esprit du temps: essai sur la culture de masse. 2v. Paris: Grasset, 1962 e 1976; nova ed. Paris: Armand Colin; INA, 2008.

Pour sortir du XXe siècle. Paris: Seuil, 1984. (Coleção Points Essais, n.170.); ed. rev. e aument. com o prefácio "Pour Entrer dans le XXIe siècle". Paris: Seuil, 2004. (Coleção Points Essais, n.518.)

Terre-Patrie (com Anne-Brigitte Kern). Paris: Seuil, 1993; coleção Points Essais, n.207, 1996 e 2000. [Ed. bras.: *Terra-pátria*. Trad. Paulo Neves. Porto Alegre: Sulina, 1995.]

L'An I de l'ère écologique: la Terre dépend de l'homme qui dépend de la Terre (com Nicolas Hulot). Paris: Tallandier, 2007.

La Voie: pour l'avenir de l'humanité. Paris: Fayard, 2011; coleção Pluriel, 2012. [Ed. bras.: *A via para o futuro da humanidade*. Trad. Edgard A. Carvalho e Mariza P. Bosco. Rio de Janeiro: Bertrand Brasil, 2013.]

Penser global: l'humain et son univers. Paris: Robert Laffont; FMSH, 2015. (Coleção Le Monde comme Il Va e Interventions); nova ed. Paris: Flammarion, 2021.

Écologiser l'homme. Paris: Lemieux, 2016.

Connaissance, ignorance, mystère. Paris: Fayard, 2017. [Ed. bras.: *Conhecimento, ignorância, mistério*. Trad. Clóvis Marques. Rio de Janeiro: Bertrand Brasil, 2020.]

L'Entrée dans l'ère écologique. Paris: Éditions de l'Aube, 2020.

Réveillons-nous! Paris: Denoël, 2022; coleção Folio, 2023. [Ed. bras.: *Despertemos!*: um chamado para o despertar das consciências. Trad. Ivone Benedetti. Rio de Janeiro: Bertrand Brasil, 2023.]

Tempo presente

La Rumeur d'Orléans (com Bernard Paillard, Évelyne Burguière, Claude Capulier, Suzanne de Lusignan, Julia Vérone). Paris: Seuil, 1969; coleção Points Essais, n.143, 1982; *La Rumeur d'Amiens* (volume complementar), 1982.

Commune en France: la métamorphose de Plozévet. Paris: Fayard, 1967; Paris: LGF, 1984. (Coleção Biblio-Essais); Paris: Fayard, 2013. (Coleção Pluriel.)

Mai 1968, la brèche: premières réflexions sur les événements (com Claude Lefort e Cornelius Castoriadis). Paris: Fayard, 1968 e 2008. [Ed. bras.: *Maio de 1968*: a brecha. Trad. Anderson L. Silva e Martha C. Costa. São Paulo: Autonomia Literária, 2018.]

Penser l'Europe. Paris: Gallimard, 1987; coleção Folio, 1990 e 2022.

Les Fratricides, Yougoslavie-Bosnie 1991-1995. Paris: Arléa, 1995.

Le Monde moderne et la condition juive. Paris: Seuil, 2006; coleção Points Essais, 2012. [Ed.

bras.: *O mundo moderno e a questão judaica*. Trad. Nícia A. Bonatti. Rio de Janeiro: Bertrand Brasil, 2007.]

Au péril des idées: les grandes questions de notre temps (com Tariq Ramadan). Paris: Presses du Châtelet, 2014; Paris: Archipoche, 2015.

L'Urgence et l'essentiel (com Tariq Ramadan). Paris: Don Quichotte, 2017.

Chronique d'un été (com Jean Rouch). Paris: Éditions de l'Aube, 2019.

Le Sport porte en lui le tout de la société. Paris: Le Cherche Midi, 2020.

Sans Haine, sans armes, sans violence. Paris: Riveneuve, 2020.

Changeons de voie: les leçons du coronavirus (com Sabah Abouessalam). Paris: Flammarion, 2021.

Frères d'âme: dialogue avec Denis Lafay. Allons au-devant de la vie (com Pierre Rabhi). Paris: Éditions de l'Aube, 2022.

Attends-toi à l'inattendu: dialogue avec Nicolas Truong. Paris: Éditions de l'Aube, 2023.

De Guerre en guerre: de 1940 à l'Ukraine. Paris: Éditions de l'Aube, 2023. [Ed. bras.: *De guerra em guerra*: de 1940 à Ucrânia. Trad. Edgard A. Carvalho e Mariza P. Bosco. São Paulo: Sesc, 2024.]

Encore un moment...: textes personnels, politiques, sociologiques, philosophiques et littéraires. Paris: Denoël, 2023.

Mon Ennemi, c'est la haine: dialogues avec Véronique Châtel et Jean-Claude Perrier. Paris: Éditions de l'Aube, 2023.

Pensamento político

Introduction à une politique de l'homme. Paris: Seuil, 1965; coleção Points Politique, n.29, 1969; coleção Points Essais, n.381, 1999. [Ed. bras.: *Introdução à política do homem*. Trad. Celso de Sylos. Rio de Janeiro: Forense, 1969.]

De la Nature de l'URSS: complexe totalitaire et nouvel empire. Paris: Fayard, 1983.

Pour une Politique de civilisation. Paris: Arléa, 2002.

La Violence du monde (com Jean Baudrillard). Paris: Éditions du Félin, 2003.

Culture et barbarie européennes. Paris: Bayard, 2005; nova ed. *L'Europe à deux visages*: humanisme et barbarie. Paris: Lemieux, 2015; nova ed. Paris: Éditions de l'Aube, 2021.

Ma Gauche. Paris: François Bourin, 2010. [Ed. bras.: *A minha esquerda*. Trad. Edgar A. Carvalho e Mariza P. Bosco. Porto Alegre: Sulina, 2011.]

Pour et contre Marx. Paris: Temps Présent, 2010; Paris: Flammarion, 2012. (Coleção Champs Actuel.)

Le Chemin de l'espérance (com Stéphane Hessel). Paris: Fayard, 2011.

La Cause humaine: du bon usage de la fin du monde. Paris: Les Liens qui Libèrent, 2012; coleção Poche, 2019.

La France une et multiculturelle: lettres aux citoyens de France (com Patrick Singaïny). Paris: Fayard, 2012.

Où Est Passé le peuple de gauche?. Paris: Éditions de l'Aube, 2017 e 2021.

La Marseillaise (com Pascal Lemaître). Paris: Éditions de l'Aube, 2019.

La Fraternité, pourquoi?: résister à la cruauté du monde. Arles: Actes Sud, 2019. [Ed. bras.: *Fraternidade*: para resistir à crueldade do mundo. Trad. Edgard A. Carvalho. São Paulo: Palas Athena, 2019.]

Pour Changer de civilisation: dialogue avec Denis Lafay. Paris: Éditions de l'Aube, 2019 e 2020.

Quelle École voulons-nous?: la passion du savoir (com Jean-Michel Blanquer). Paris: Odile Jacob, 2020.

Pour Résister à la régression (com Boris Cyrulnik, François Hollande, Stéphane Hessel et al.). Paris: Éditions de l'Aube, 2020.

Vida

Autocritique. Paris: Seuil, 1959 e 2012; coleção Points Essais, n.283, 1994.

Mes Démons. Paris: Stock, 1994 e 2008. (Coleção À Vif); reed. coleção Point", n.528, 2010. [Ed. bras.: *Meus demônios*. Trad. Leneide Duarte e Clarisse Meireles. Rio de Janeiro: Bertrand Brasil, 1997.]

Vidal et les siens (com Véronique Nahoum-Grappe e Haïm Vidal Sephiha). Paris: Seuil, 1989, 2015 e 2019; coleção Points, n.300, 1996.

Amour, poésie, sagesse. Paris: Seuil, 1997; coleção Points, 1999.

Mon Chemin: entretiens avec Djénane Kareh Tager. Paris: Fayard, 2008; coleção Points Essais, 2011. [Ed. bras.: *Meu caminho*: entrevistas com Djénane Kareh Tager. Trad. Edgard A. Carvalho. Rio de Janeiro: Bertrand Brasil, 2010.]

Edwige, l'inséparable. Paris: Fayard, 2009.

Mes Philosophes. Paris: Germina, 2011. (Coleção Cercle de Philosophie.) [Ed. bras.: *Meus filósofos*. Trad. Edgard A. Carvalho e Mariza P. Bosco. Porto Alegre: Sulina, 2013.]

Mon Paris, ma mémoire. Paris: Fayard, 2013. [Ed. bras.: *Minha Paris, minha memória*. Trad. Clóvis Marques. Rio de Janeiro: Bertrand Brasil, 2015.]

Mes Berlin: 1945-2013. Paris: Le Cherche Midi, 2013 e 2019.

Les Souvenirs viennent à ma rencontre. Paris: Fayard, 2019; coleção Pluriel, 2021.

Leçons d'un siècle de vie. Paris: Denoël, 2021; nova ed. Paris: Fayard, 2022. (Coleção Pluriel.) [Ed. bras.: *Lições de um século de vida*. Trad. Ivone Benedetti. Rio de Janeiro: Bertrand Brasil, 2021.]

Histoire(s) de vie: entretiens avec Laure Adler. Paris: Bouquins, 2022. (Coleção Points.) [Ed. bras.: *História(s) de vida*. Trad. Ivone Benedetti. Rio de Janeiro: Bertrand Brasil, 2023.]

Des Oasis de poésie. Paris: Poesis, 2023.

Diários

Le Vif du sujet. Paris: Seuil, 1969; coleção Points Essais, n.137, 1982.

Journal de Californie. Paris: Seuil, 1970; coleção Points Essais, n.151, 1982. [Ed. bras.: *Diário da Califórnia*. Trad. Carmem Cacciacarro. São Paulo: Sesc, 2012.]

Une Année Sisyphe (Journal de la fin du siècle). Paris: Seuil, 1995.

Pleurer, aimer, rire, comprendre, 1er janvier 1995-31 janvier 1996. Paris: Arléa, 1996.

Journal. t.1 e t.2. Paris: Seuil, 2012.
Au Rythme du monde: un demi-siècle d'articles dans *Le Monde*. Paris: Presses du Châtelet, 2014; Paris: Archipoche, 2015.

Colóquios

L'Unité de l'homme (com Massimo Piatelli Palmarini). Paris: Seuil, 1974; coleção Points Essais, 1978. 3v.
Arguments pour une méthode. Colloque de Cerisy. Paris: Seuil, 1990.
Pour Une Utopie réaliste. Rencontres de Chateauvallon organisées par Gérard Paquet. Paris: Arléa, 1996.
L'Intelligence de la complexité (com Jean-Louis Le Moigne). Paris: L'Harmattan, 1999.

Editora Unesp

Planeta: a aventura desconhecida (com Christoph Wulf). Trad. Pedro Goergen. São Paulo: Editora Unesp, 2003.

SOBRE O LIVRO

Formato: 10 x 14,5 cm
Mancha: 18,9 x 27,1 paicas
Tipologia: Adobe Jenson Regular 13/15
Papel: Off-white 80 g/m² (miolo)
Cartão Triplex 250 g/m² (capa)
1ª edição Editora Unesp: 2025

EQUIPE DE REALIZAÇÃO

Edição de texto
Tulio Kawata (copidesque)
Raquel Reis (revisão)

Capa
Negrito Editorial

Editoração eletrônica
Vicente Pimenta

Assistente de produção
Erick Abreu

Assistencia editorial
Alberto Bononi
Gabriel Joppert

Rettec
artes
gráficas
e editora

Rua Xavier Curado, 388 • Ipiranga - SP • 04210 100
Tel.: (11) 2063 7000
rettec@rettec.com.br • www.rettec.com.br